24 Mußestunden im Advent

Impulse für eine stille Zeit

24 Mußestunden im Advent

Impulse für eine stille Zeit

benno

Bibliografische Information der Deutschen Nationalbibliothek
Die Deutsche Nationalbibliothek verzeichnet diese Publikation
in der Deutschen Nationalbibliografie;
detaillierte bibliografische Daten sind im Internet über
http://dnb.d-nb.de abrufbar.

Besuchen Sie uns im Internet:
www.st-benno.de

Gern informieren wir Sie unverbindlich und aktuell
auch in unserem Newsletter zum Verlagsprogramm,
zu Neuerscheinungen und Aktionen.
Einfach anmelden unter www.st-benno.de.

ISBN 978-3-7462-5946-8

Umschlaggestaltung: Ulrike Vetter, Leipzig
Umschlagabbildung: © stock.adobe.com/dyageleva
Gesamtherstellung: Kontext, Dresden (A)

Wer wachsam ist, der erlebt jeden Augenblick bewusst, der ist ganz gegenwärtig, der ist lebendig.

Eileen Caddy

1

Muße finden

Mußestunden, ausgerechnet im Advent? Ist das nicht die Zeit, in der die To-do-Listen immer länger werden, in der Geschenke besorgt, gebastelt, gebacken und dekoriert werden muss? Und wenn all das erledigt sein sollte, wären da auch noch die Verabredungen mit Freunden auf dem Weihnachtsmarkt, unzählige Adventsfeiern, Konzerte, in die man unbedingt gehen möchte, und und und. – Der Advent ist für die wenigsten Menschen eine wirklich ruhige Zeit. Woher also die Mußestunden nehmen und wozu sollen die überhaupt gut sein?
Zunächst eine gute Nachricht: Sie brauchen nicht unbedingt 24 zusätzliche Stunden. Jeder Text in diesem Buch ist in ganz kurzer Zeit gelesen. Es kann natürlich sein, dass Sie nach der Lektüre nicht sofort zur Tagesordnung übergehen wollen, sondern vielleicht noch ins Grübeln kommen, die Gedanken

wandern lassen – und schon ist daraus eine Mußestunde geworden! Wozu das gut sein soll? Um es auf einen Nenner zu bringen: für die Seelenhygiene. So eine Mußestunde (die manchmal auch nur eine Viertelstunde lang ist) sorgt für innere Ausgeglichenheit. So kann man sich, wenn der Stresspegel steigt, leichter daran erinnern, worum es bei Weihnachten wirklich geht.

TIPP 1

Nehmen Sie das Zitat auf der Seite vorn mit durch den Tag und bewegen Sie es immer wieder mal in Ihrem Herzen!

Und plötzlich weißt du: Es ist Zeit, etwas Neues zu beginnen und dem Zauber des Anfangs zu vertrauen.

Meister Eckhart

2

Vorabend

Wetter, Zeitdruck, Sorgen: Nein, adventlich ist mir noch nicht zumute, ein Gefühl festlicher Erwartung will sich bis jetzt nicht einstellen. Ich muss erst noch lernen, nicht festzuhalten, sondern loszulassen, vorweihnachtliche Besinnung erst einzuüben. Adventsstimmung kann man nicht auf Knopfdruck abrufen, man muss es auch nicht. Denn das Christfest brauchen wir nicht zu organisieren, es kommt auch ohne uns. Das Christkind wurde ja auch ohne unser Zutun geboren, seinen himmlischen Frieden will es uns ohne Gegenleistung schenken, gratis, einfach so.

Darum will ich mich langsam nähern, Schritt für Schritt: öfter eine Pause, ein Fußweg, mal Stille für Adventsmusik. Will heute Abend, wenn die Glocken den Sonntag einläuten, die erste Kerze am Kranz entzünden, mich den

Botschaften, Gedanken und Gefühlen dieser besonderen Zeit aussetzen und darauf warten, dass sie mich verändert.
22 Tage bewusster auf die Krippe zuleben, bis ich in die Knie gehe vor dem Geheimnis der Heiligen Nacht.

Hinrich C. G. Westphal

TIPP

Sie spüren noch keine Adventsstimmung? Zünden Sie eine Kerze an und nehmen Sie sich die Zeit, einfach in die Flamme zu schauen.

2

In Ruhe Wurzeln schlagen kann nur, wer aufhört, sich ständig umzuschauen und herumzuziehen.

L. A. Seneca

3

Winterruhe

Unter Gottes Treue, im beständigen Rhythmus der Jahreszeiten wächst, blüht, verblüht und ruht unsere Welt. Jegliche Gartenarbeit ist in dieser Jahreszeit kontraproduktiv. Während ich also die Hände in den Schoß lege, spüre ich in mir die Sehnsucht, ebenso zur Ruhe zu kommen wie die Natur, die mich umgibt. Ich könnte versuchen, die Dinge ein bisschen langsamer anzugehen: Früher Feierabend machen und Bildschirm und Handy bewusst ausschalten. Einen Stuhl ans Fenster rücken und die blaue Stunde genießen – die Zeit der Dämmerung, bevor die Nacht kommt. Eine Suppe kochen, die zwei Stunden auf geringer Flamme köcheln muss. Beten. Nicht das getriebene schnelle Gebet, sondern das Beten, das mich zur Ruhe kommen lässt. Die Adventszeit bewusst als besinnliche Zeit gestalten und alles weglassen, was inneren Stress verursacht. Schon allein bei diesem Gedanken atme ich innerlich auf.

Christina Schöffler

TIPP 3

Schauen Sie bewusst auf die Natur, auf kahle Bäume und karge Wiesen, und spüren Sie die Ruhe, die bei diesem Anblick entsteht.

4

Der einzige Weg, einen Freund zu haben, ist, selbst einer zu sein.

Ralph Waldo Emerson

Verschenkte Zeit

Und, schon an Weihnachtsgeschenke gedacht? Ich habe einen Tipp: Verschenke Zeit. Habe ich letztens selber bekommen. Mein Freund Franz hat mir einen Brief geschrieben. Hört sich jetzt erst mal nicht so innovativ an. Na ja, er hat ihn mit Schreibmaschine geschrieben. Ziemlich oldschool. Aber ich finde die Idee klasse. Die Schrift sieht aus wie Courier New mit leerer Druckerpatrone gedruckt. Aber die Buchstaben kann man fühlen, weil sie ins Papier gedruckt sind. Und bei den Punkten ist oft ein kleines Loch. Der Brief sieht schön aus und der Text ist toll.

Das Besondere an dem Geschenk ist aber die Zeit, die mein Freund Franz sich genommen hat. Zehn Mal hat er den Brief geschrieben. Immer wieder war ein Fehler drin. Tippfehler kann man mit der Schreibmaschine nicht so leicht verbessern. Da musst du ein neues Blatt einspannen und wieder von vorne losschreiben. Das kostet Zeit. Mein Freund Franz saß einen ganzen Nachmittag an dem Brief. Viel Zeit für ein paar Zeilen. Die Botschaft dahinter habe ich auch verstanden: Du bist mir wichtig. Für dich nehme ich mir Zeit.

Daniel Gewand

TIPP

Nehmen Sie sich Zeit für einen Freund und planen Sie gemeinsam etwas, was Ihnen beiden guttut.

4

Bei einer Kerze ist nicht das Wachs wichtig, sondern das Licht.

Antoine de Saint-Exupéry

5

Adventswunsch

Ich wünsche dir,
im Getriebe der Vorweihnachtszeit
still zu werden,
Körper und Geist zu entspannen.

Lass die Hektik des Alltags
von dir abfallen
und deine Gedanken
zur Ruhe kommen.

Halte dich fern
von Zeitdruck und Hektik,
damit du zu dir selbst findest,
zu Gelassenheit und innerem Frieden.

Spüre der Stille nach,
die immer schon in dir ist,
damit du im Schweigen
Gottes Stimme in dir vernimmst.

Gisela Baltes

TIPP

5

Horchen Sie in sich hinein: Welche Weihnachtsvorbereitungen machen Ihnen wirklich Freude? Streichen Sie fünf Dinge, die nicht dazuzählen.

Auf den Weihnachtsmann kann ich
gern verzichten, nicht aber
auf den heiligen Nikolaus.

Notker Wolf

6

In Bewegung

Friede und Freude, das wünschen sich viele Menschen in dieser Zeit. Sich besinnen auf das, was wirklich wichtig ist im Leben, sich Zeit nehmen für Freunde und Familie, für das, was unser Leben froh und hell machen kann. Aber das ist gar nicht so einfach, wenn die ersten Prüfungen vor der Tür stehen, sich die Weihnachtsfeiern und sozialen Verpflichtungen häufen und die Jagd nach dem ultimativen Geschenk für Freunde, Familie oder Partner einen auf Trab hält. Freude auf Knopfdruck, weil ja gerade Advent ist: Bei mir klappt das jedenfalls nicht.

Fragen passen für mich besser zum Advent als Imperative. Ich kann ihnen frei nachspüren und überlegen und mich erinnern, und dabei passiert es ganz natürlich, dass ich in innere Bewegung gerate. Und vielleicht ist es das, um was es in der Adventszeit – neben und in aller Vorfreude und allem Jubel – auch geht: darum, sich in Bewegung setzen zu lassen von dem, der kommt. Was nicht ausschließt, dass die Bewegung auch klein anfangen kann und als erstes, sichtbares Ergebnis in diesem Jahr einen kleinen, hell leuchtenden Stern am Wohnzimmerfenster zeigt.

Annika Klappert

TIPP

Welche Fragen stellen Sie sich im Advent? Machen Sie einen Spaziergang und schauen Sie, welche Fragen in Ihnen auftauchen!

6

Wer mit sich selbst in Frieden leben will, muss sich so akzeptieren, wie er ist.

Selma Lagerlöf

7

Erhalte dir den Frieden

Gehe ruhig und gelassen durch Lärm und Hast und sei des Friedens eingedenk, den die Stille bergen kann. Stehe, soweit ohne Selbstaufgabe möglich, in freundlicher Beziehung zu allen Menschen. Äußere deine Wahrheit ruhig und klar und höre anderen zu. Meide laute und aggressive Menschen; sie sind eine Qual für den Geist. Wenn du dich mit anderen vergleichst, könntest du bitter werden, denn immer wird es jemanden geben, der größer oder geringer ist als du.

Bei einem heilsamen Maß an Selbstdisziplin sei gut zu dir selbst. Du bist ein Kind des Universums, nicht weniger als die Bäume und die Sterne; du hast ein Recht, hier zu sein. Darum lebe in Frieden mit Gott, was für eine Vorstellung du auch von ihm hast. In der lärmenden Wirrnis des Lebens erhalte dir den

Frieden mit deiner Seele. Trotz all ihrem Schein, der Plackerei und den zerbrochenen Träumen ist diese Welt doch wunderschön. Strebe danach, glücklich zu sein.

Lebensregel von Baltimore

TIPP

Laute, aggressive Menschen meiden – tun Sie das heute, so weit wie möglich. Sie müssen nicht jeden Konflikt austragen.

7

Die Langsamkeit bietet die Chance,
das, was wir tun, auch zu erleben.

Henriette Wilhelmine Hanke

8

Mach langsam

In Musikstücken ist es oft ein Ritardando, eine bewusst gesetzte Verzögerung, die auf den Schlussakkord vorbereitet. Indem wir langsamer werden, geben wir dem, was kommt, mehr Aufmerksamkeit, ein größeres Gewicht. Wer den Advent langsamer lebt, wird Weihnachten intensiver erleben. Wer sich im Advent Zeit nimmt, wird sie an Weihnachten haben. Denn um Weihnachtsstress loszuwerden, hilft es nicht, einfach schneller zu machen. Wer mit einem Endspurt auf Weihnachten zurast, landet an Heiligabend japsend auf dem Sofa. Man könnte in diesen Adventstagen Folgendes ausprobieren: eine Sache, die auch schneller ginge, bewusst langsamer machen. Oder Kerzen: Sie sind nicht nur ein schönes Symbol für das Licht, das an Weihnachten in die Dunkelheit kommt. Wenn wir sie in der Adventszeit zum Frühstück anzünden, bleibt ihr Duft in der

Wohnung und begleitet uns tagsüber. Oder er empfängt uns abends beim Nachhausekommen noch als Ahnung.

Gabriele Hartlieb

TIPP

Hören Sie zum Tagesausklang bewusst Ihre Lieblingsmusik. Es muss nicht unbedingt etwas Adventliches sein. Hören Sie Musik, die Ihnen jetzt guttut!

8

In jede hohe Freude mischt sich ein Gefühl von Dankbarkeit.

Marie von Ebner-Eschenbach

9

Achtsam

Achtsam lebe ich im Advent, wenn ich
achtgebe auf das, was mich von innen
und außen berührt, was mich betrifft,
was mich unbedingt angeht, was mich bewegt.

Achtsam nähere ich mich den
inneren Bildern der Trostpropheten,
das geknickte Rohr nicht zu zerbrechen
und den glimmenden Docht nicht zu löschen.

Achtsam höre ich – in aller Stille –
auf die Stimme des Rufers in der Wüste
meines Herzens, dem Herrn den Weg
zu bereiten, indem ich Unebenes bereinige.

Achtsam nehme ich – in aller Ruhe –
wahr, wie sich mir neue Kraftquellen
erschließen und in mir sprudeln,
damit ich aus ihnen schöpfe.

Achtsam lasse ich mich einstimmen
auf die leisen Töne im Advent,
damit ich in seinen Liedern neu
entdecke, was sie mir verheißen.

Paul Weismantel

TIPP

Überlegen Sie: Was ist Ihnen wichtig? Was macht diese Adventszeit besonders und wofür sind Sie dankbar?

9

Der Schlaf ist doch eine
köstliche Erfindung.

Heinrich Heine

10

Mein Tagwerk

Ein „Tagwerk“, lese ich im Lexikon, ist die Fläche, die ein Bauer mit einem Ochsengespann von Sonnenaufgang bis Sonnenuntergang bearbeiten konnte. Je nach Region mal etwas mehr oder etwas weniger als 3000 Quadratmeter. Woanders rechnete man in „Morgen“.

Im Winter geht die Sonne später auf und früher unter. Und der Morgen ist kurz – dafür die Nacht lang.

Warum – ganz im Ernst – arbeiten wir dann im Winter nicht weniger? Und schlafen dafür mehr? Wäre das nicht der Jahreszeit und unserer Menschennatur viel angemessener, als 6-jährige Kinder kurz nach sieben zur Schule zu schicken?

Mit täte das gut – deswegen mein Tipp: Im Sommer etwas mehr und jetzt im Winter etwas weniger arbeiten.

Zu Risiken und Nebenwirkungen fragst du am besten (nicht) deinen Arbeitgeber, den Rektor deiner Schule oder deine Gewerkschaft.

Tilman Kugler

TIPP

Versuchen Sie, mehr Schlaf einzuplanen. Auch wenn abends noch nicht alles geschafft ist: Gehen Sie eher zu Bett!

10

Im Schweigen sehen wir alles
in einem anderen Licht.

Mutter Teresa

11

Habe den Mut, allein zu sein

Habe den Mut, allein zu sein. Erst wenn du das wirklich fertiggebracht hast, kannst du hoffen, ein weihnachtliches Herz – also ein sanftes, ein geduldiges, ein tapfer gefasstes, ein leise zärtliches Herz – denen zu schenken, die du zu lieben dich bemühst. (Man muss auch da vorsichtig reden.) Dieses Geschenk freilich solltest du unter den Christbaum legen, sonst sind alle anderen Geschenke doch nur unnütze Ausgaben, die man auch zu anderen Zeiten machen kann. Also halte es einmal eine Weile mit dir allein aus. Vielleicht hast du doch ein Zimmer, wo du allein sein kannst. Oder du kennst einen einsamen Weg oder eine stille Kirche. Rede dann nicht, auch nicht mit dir selber noch

Frieden mit deiner Seele. Trotz all ihrem Schein, der Plackerei und den zerbrochenen Träumen ist diese Welt doch wunderschön. Strebe danach, glücklich zu sein.

Lebensregel von Baltimore

TIPP

Laute, aggressive Menschen meiden – tun Sie das heute, so weit wie möglich. Sie müssen nicht jeden Konflikt austragen.

7

8

Die Langsamkeit bietet die Chance,
das, was wir tun, auch zu erleben.

Henriette Wilhelmine Hanke

Mach langsam

In Musikstücken ist es oft ein Ritardando, eine bewusst gesetzte Verzögerung, die auf den Schlussakkord vorbereitet. Indem wir langsamer werden, geben wir dem, was kommt, mehr Aufmerksamkeit, ein größeres Gewicht. Wer den Advent langsamer lebt, wird Weihnachten intensiver erleben. Wer sich im Advent Zeit nimmt, wird sie an Weihnachten haben. Denn um Weihnachtsstress loszuwerden, hilft es nicht, einfach schneller zu machen. Wer mit einem Endspurt auf Weihnachten zurast, landet an Heiligabend japsend auf dem Sofa. Man könnte in diesen Adventstagen Folgendes ausprobieren: eine Sache, die auch schneller ginge, bewusst langsamer machen. Oder Kerzen: Sie sind nicht nur ein schönes Symbol für das Licht, das an Weihnachten in die Dunkelheit kommt. Wenn wir sie in der Adventszeit zum Frühstück anzünden, bleibt ihr Duft in der

Wohnung und begleitet uns tagsüber. Oder er empfängt uns abends beim Nachhausekommen noch als Ahnung.

Gabriele Hartlieb

TIPP

8

Hören Sie zum Tagesausklang bewusst Ihre Lieblingsmusik. Es muss nicht unbedingt etwas Adventliches sein. Hören Sie Musik, die Ihnen jetzt guttut!

In jede hohe Freude mischt sich
ein Gefühl von Dankbarkeit.

Marie von Ebner-Eschenbach

9

Achtsam

Achtsam lebe ich im Advent, wenn ich achtgebe auf das, was mich von innen und außen berührt, was mich betrifft, was mich unbedingt angeht, was mich bewegt.

Achtsam nähere ich mich den inneren Bildern der Trostpropheten, das geknickte Rohr nicht zu zerbrechen und den glimmenden Docht nicht zu löschen.

Achtsam höre ich – in aller Stille – auf die Stimme des Rufers in der Wüste meines Herzens, dem Herrn den Weg zu bereiten, indem ich Unebenes bereinige.

Achtsam nehme ich – in aller Ruhe –
wahr, wie sich mir neue Kraftquellen
erschließen und in mir sprudeln,
damit ich aus ihnen schöpfe.

Achtsam lasse ich mich einstimmen
auf die leisen Töne im Advent,
damit ich in seinen Liedern neu
entdecke, was sie mir verheißen.

Paul Weismantel

TIPP

Überlegen Sie: Was ist Ihnen wichtig? Was macht diese Adventszeit besonders und wofür sind Sie dankbar?

9

Der Schlaf ist doch eine köstliche Erfindung.

Heinrich Heine

10

Mein Tagwerk

Ein „Tagwerk“, lese ich im Lexikon, ist die Fläche, die ein Bauer mit einem Ochsengespann von Sonnenaufgang bis Sonnenuntergang bearbeiten konnte. Je nach Region mal etwas mehr oder etwas weniger als 3000 Quadratmeter. Woanders rechnete man in „Morgen“.

Im Winter geht die Sonne später auf und früher unter. Und der Morgen ist kurz – dafür die Nacht lang.

Warum – ganz im Ernst – arbeiten wir dann im Winter nicht weniger? Und schlafen dafür mehr? Wäre das nicht der Jahreszeit und unserer Menschennatur viel angemessener, als 6-jährige Kinder kurz nach sieben zur Schule zu schicken?

Mit täte das gut – deswegen mein Tipp: Im Sommer etwas mehr und jetzt im Winter etwas weniger arbeiten.

Zu Risiken und Nebenwirkungen fragst du am besten (nicht) deinen Arbeitgeber, den Rektor deiner Schule oder deine Gewerkschaft.

Tilman Kugler

TIPP

Versuchen Sie, mehr Schlaf einzuplanen. Auch wenn abends noch nicht alles geschafft ist: Gehen Sie eher zu Bett!

10

Im Schweigen sehen wir alles
in einem anderen Licht.

Mutter Teresa

11

Habe den Mut, allein zu sein

Habe den Mut, allein zu sein. Erst wenn du das wirklich fertiggebracht hast, kannst du hoffen, ein weihnachtliches Herz – also ein sanftes, ein geduldiges, ein tapfer gefasstes, ein leise zärtliches Herz – denen zu schenken, die du zu lieben dich bemühst. (Man muss auch da vorsichtig reden.) Dieses Geschenk freilich solltest du unter den Christbaum legen, sonst sind alle anderen Geschenke doch nur unnütze Ausgaben, die man auch zu anderen Zeiten machen kann. Also halte es einmal eine Weile mit dir allein aus. Vielleicht hast du doch ein Zimmer, wo du allein sein kannst. Oder du kennst einen einsamen Weg oder eine stille Kirche. Rede dann nicht, auch nicht mit dir selber noch

Um Frieden zu finden,
gibt es kein Sofortrezept.
Man muss ihn mit Ruhe suchen.

Anthony de Mello

TIPP

15

Erinnern Sie sich an Weihnachten letztes Jahr oder vor zwei Jahren. Was hat Ihnen besonders gut gefallen? Spüren Sie, wie die Vorfreude steigt?

Ein angenehmes und heiteres Leben kommt nie von äußeren Dingen.

Plutarch

16

Entspannungsübung

Werden Sie ganz ruhig und schließen Sie die Augen. Vor sich sehen Sie Ihre Wohnung. An der Wohnungstür hängt einladend ein Türkranz mit rotem Band. Sie schließen die Tür auf und treten ein. Der Boden ist sauber, kein Kinderspielzeug liegt hier herum. Es ist aufgeräumt. Sie gehen in die Küche. Der Abwasch ist gemacht, der Boden blitzt vor Sauberkeit, ein Kerzengesteck steht auf dem Tisch. Sie brühen sich einen Tee auf. Im Hintergrund hören Sie Ihre Lieblingsmusik, angenehm gedämpft. Sie nehmen die Teetasse und setzen sich in Ihren Lieblingssessel. Vor Ihnen auf dem Tisch steht eine duftende Kerze. Sehen Sie in die Flamme, lauschen Sie dem leisen Knistern und der Musik, riechen Sie das Wachs und den duftenden Tee. Und spüren Sie, was für ein Friede Sie nun erfüllt. Und jetzt öffnen Sie die Augen wieder. Atmen Sie tief durch, strecken und recken Sie sich. Sie sitzen wieder …

Ach ja, übrigens, ich habe Sie erwischt! Wenn Sie überhaupt bis hierhin gekommen sind, können Sie ja die Augen gar nicht geschlossen haben, Sie Schlawiner!

Inken Weiand

TIPP

Wenn Ihnen das Dekorieren zu viel ist, beschränken Sie sich ruhig auf Ihr Lieblingsstück, egal ob es ein kleiner Engel oder eine große Pyramide ist.

16

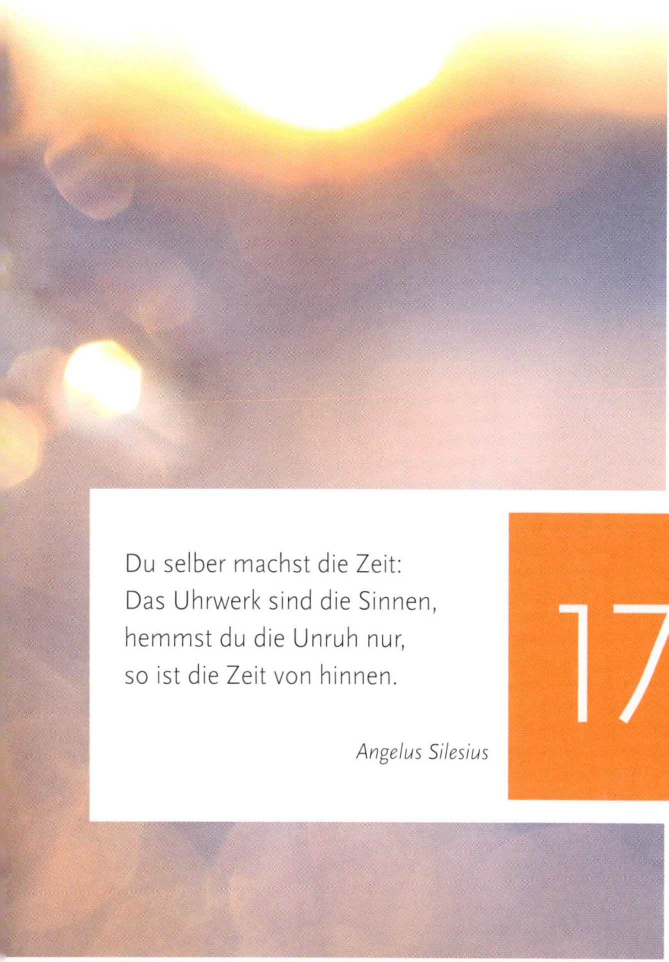

17

Du selber machst die Zeit:
Das Uhrwerk sind die Sinnen,
hemmst du die Unruh nur,
so ist die Zeit von hinnen.

Angelus Silesius

Austrudeln und träumen

Erholung bedeutet ein Austrudeln, ein Ausschwingen, in dem man sich nicht ständig nur als Nabel der Welt sieht, sondern auch einmal etwas „sein-lässt“, nicht meint, immer aktiv eingreifen zu müssen. So wichtig es ist, das Leben zu durchdenken – zum erfüllten Leben gehört auch dieses Abschalten-können. Und findet sich Glück nicht oft gerade in Momenten und Situationen, die nicht geplant waren? Es mag zwar etwas Wahres an dem alten Spruch sein, dass jeder seines Glückes Schmied ist, es ist aber auch möglich, dass man vor lauter Schmieden das Glück versäumt.

Auch wenn der Satz Oswald Sprenglers sehr provokativ klingt: „Tiefes Glück ist Gegenwart ohne Denken“, ist es schon bemerkenswert, dass man hin und wieder daran denken sollte, auch dem Denken eine Pause zu gönnen. „Denken“, sagt Victor Hugo, „ist Arbeit des Intellekts, Träumen sein Vergnügen.“ Und ein wenig Vergnügen gehört eben auch zum Leben.

Helmut Zöpfl

TIPP

Nehmen Sie sich heute mal Zeit zum Träumen und seien Sie offen für Glücksmomente, die ungeplant einfach passieren.

17

Das innerliche heimliche Hinhängen und Wünschen des Herzens, das ist beim Gebet die Hauptsache.

Matthias Claudius

18

In dir will etwas wachsen

Mit dem Advent beginnt die Zeit der Wunschzettel. Aber mir fällt auf, dass viele sich am sehnlichsten wünschen, dass man sie in Ruhe lässt. Sie sind einfach müde und am Ende ihrer Kraft. Wenn also jemand käme und Sie fragte: Haben Sie einen Wunsch? Könnten Sie sich dann vorstellen, dass noch etwas vor Ihnen liegt, das Sie sich wünschen könnten? Denn das macht den Advent aus: dass das Beste noch vor uns liegt.

Es könnte Ihnen in diesen Tagen aber auch einmal der begegnen, der gesagt hat: Ich will, dass ihr das Leben habt und nicht weniger. Dieser Jesus tritt Ihnen entgegen und sagt: Sieh mich an. Du bist doch jemand! Er sagt: Ich habe Kräfte für dich, nimm sie in Anspruch. Er sagt: Was in dir krank ist, kann heilen. Und vor allem: In dir will etwas wachsen, etwas wie ein Kind. Wie ein neuer Mensch. Aber eins musst du tun: den besten Wunsch aussprechen, den es gibt. Sagen wie Maria: Mir geschehe, wie du sagst.

Jörg Zink

TIPP

18

Finden Sie heraus, welche Wünsche Sie im tiefsten Inneren haben. Formulieren Sie sie für sich und, wenn Sie mögen, auch im Gebet.

19

Um Wunder zu erleben, muss man an sie glauben.

Carl Ludwig Schleich

Zeichen

Die ganze Schöpfung ist
die Schönheit Gottes,
und in seiner Schrift gibt
es nicht ein sinnloses Zeichen.
Der Schriftzug der Meteore am Himmel,
der Flug der Zugvögel in den Herbstnächten
und der Weg der Sonne durch die Wendekreise,
die Jahresringe am Stamm der Zeder
und die Schlangenlinien der Flüsse
in einer Luftaufnahme,
alles sind Zeichen,
die uns eine Botschaft übermitteln.
Wir müssen nur verstehen, sie zu lesen.
Es gibt Menschen, die sich an diesen
Zeichen bis zur Ekstase erfreuen können,
ohne sie doch eigentlich zu entziffern,
ohne zu verstehen,
dass die Natur eigens als Botschaft
für sie geschrieben und aufgezeichnet ist.
Und wir selbst sind ebenfalls Zeichen Gottes.

In jedem einzelnen von uns
ist die göttliche Schrift eingegraben,
unser Sein ist eine Mitteilung
und Botschaft Gottes.
Wir sind hineingestellt in die Schöpfung,
die ganz Mitteilung ist,
als die reinsten und schönsten Worte Gottes.
Wir sind Gottes Ebenbild.
Gott ist im Innersten allen Seins
und er ist auch in uns.

Ernesto Cardenal

TIPP

Spüren Sie heute diesem Gedanken nach: Gott ist in uns; Jesus kommt in uns zur Welt.

19

Die Vollkommenheit Christi wird uns geschenkt; das ist nichts, was wir durch Disziplin erkämpfen müssen.

Oswald Chambers

20

Adventsübung

Trotz Lichterglanz und Zuckerguss will ich nicht vergessen: Wir leben in Puzzlestücken. Alles ist Stückwerk. Und nur zusammengenommen, zusammengelebt, zusammengeliebt kann daraus ein Kunstwerk werden. Mein Blick soll über den Plätzchentellerrand hinausreichen. Mein Leben nicht bloß nach Vanille schmecken.

Mein Patenkind fragte neulich: „Warum werden manche Babys im Stall geboren?" Und ich hatte keine Antwort. Auf dem Parkplatz des Supermarktes fragte mich gestern eine obdachlose Frau: „Kann ich heute bei dir schlafen?" Und ich hatte keine Antwort. Eine Freundin fragte mich mal: „Glaubst du an Gott oder willst du nur an ihn glauben?" Und ich hatte keine Antwort.

Doch ihre Fragen werden mir zum Zeichen. Anzeichen für das Lückenhafte im Leben.

Die Sehnsucht nach Wahrhaftigkeit. Und deswegen ist es das, was ich im Advent üben will: Wach bleiben. Ich will hinsehen, hinhorchen und hinfühlen. Mich aussetzen. Der Erwartung. Dem Sehnen. Dem Unvollkommenen. Auf dass aus den Puzzlestücken, dem Stückwerk, vielleicht irgendwann ein Kunstwerk wird. Vielleicht zu Weihnachten.

Hanna Buiting

TIPP

Auch wenn Sie gerade keine Lösung für eine unbeantwortete Fragen haben: Bleiben Sie im Gespräch! Bewegen Sie die Fragen in Ihrem Herzen!

20

Du weißt, wie sehr wir der Freundschaft bedürfen. Gib, dass ich diesem schönsten Geschenk des Lebens gewachsen bin.

Antoine de Saint-Exupéry

21

Wonach sich Menschen sehnen

Sich auf Weihnachten vorbereiten heißt auch, sich Gedanken über Geschenke zu machen. Das deutsche Wort „schenken" bedeutet ursprünglich, einem etwas zu trinken zu geben. Wir sagen ja heute auch noch, dass wir dem anderen Wein einschenken. Schenken meint also, dass wir dem Durstigen etwas einschenken, damit er seinen Durst stillen kann. Wer keinen Durst hat, dem soll man auch nichts einschenken. Heute haben viele keinen Durst mehr danach, Süßigkeiten oder Wein oder Kleider oder Haushaltsgeräte geschenkt zu bekommen. Denn davon hat jeder schon genug.

Aber jeder von uns dürstet nach Liebe, nach Zuwendung, nach Wertschätzung. So sehnen sich heute wohl die meisten nach einem Geschenk, das Ausdruck der Liebe ist. Wenn ich mein Herz in ein Geschenk hineinlege, dann erreicht es den anderen, dann stillt es seinen Durst.

Anselm Grün

TIPP

21

Wenn Sie bei einer Geschenkidee unsicher sind, dann fragen Sie sich, welche Botschaft Sie damit senden. Vorsicht bei Geschenken zur „Selbstoptimierung"!

Freude ist keine Gabe des Geistes, sie ist eine Gabe des Herzens.

Ludwig Börne

22

Endspurt

Nun schneit es wieder Glückwunschkarten.
Die Weihnachtstage sind ganz nah.
Wenn leuchtende Raketen starten,
ist auch der Jahreswechsel da.

Die Post macht täglich Überstunden.
Die Briefkästen sind brechend voll.
Vor Kassen drängen sich die Kunden.
Im Festglanz schwindet mancher Groll.

Die Menschen zeigen sich spendabel.
Der Kurs auf Nächstenliebe steigt.
Und Kleingeld gibt's für Bruder Abel,
der an der Ecke sitzt und geigt.

Bei all dem liebenden Gedenken
fragt sich ein Mensch, der Grüße schreibt,
was von der Liebe und dem Schenken
im Januar wohl übrig bleibt.

Gerd Karpe

TIPP

Lassen Sie sich von der Hektik kurz vor dem Fest nicht mitreißen. Überlegen Sie, was Sie aus dieser Zeit ins neue Jahr gern mitnehmen würden.

22

Mir ist kein Weihnachten vergangen, ohne dass es hinter meinen geschlossenen Augen für eine Sekunde unbeschreiblich hell wurde.

Rainer Maria Rilke

23

Aufeinander zugehen

Wenn wir aufeinander zugehen
und zueinander stehen,
ehrlich und echt sind
und auf Floskeln verzichten,
geduldig warten und wohlwollend zuhören,
Feines beschützen und Schwaches stärken,
Trauriges gemeinsam tragen
und uns an Erfolgen anderer freuen,
Hindernisse als Möglichkeit sehen
und Ansätze weiterdenken,
liebevoll begleiten und herzlich danken,
Halt geben, statt festzuhalten,
Raum lassen und ermutigen,
den eigenen Weg zu gehen
… wird Weihnachten!

Max Feigenwinter

Nicht was wir empfangen,
sondern was wir einander geben dürfen,
das bindet zusammen.

Friedrich von Bodelschwingh

TIPP

Konflikte und Schwächen brauchen Sie an Weihnachten nicht unter den Teppich zu kehren. Blicken Sie darauf mit einem liebevoll verzeihenden Herzen!

23

Er ist schon dort,
der dich in Ungeahntes,
Neues führt.

Bernhard von Clairvaux

24

Eingeladen zur Krippe

Auf der Suche nach dem Sinn der Feiertage entdecken manche die Freude wieder, die einem der Besuch eines Gottesdienstes machen kann. Manchen ist es peinlich, nicht genau zu wissen, wie man sich verhalten muss. Doch keine Sorge: An Weihnachten spielt das alles keine Rolle. Auch die traditionellen Kirchgänger freuen sich (meistens) über den Zuwachs zum Fest. Fühlen Sie sich in bester Gesellschaft, denn auch bei den sehr frommen Christen geht längst nicht immer alles glatt mit dem Glauben. Und an Weihnachten freut man sich allemal, dass die Hirten, die Fremden und Entfremdeten einen neugierigen Schritt auf die Krippe zu tun. Das Geheimnis von Weihnachten ist so anziehend, dass die Christen es in verschiedenen Feiern entfalten. Der Weihnachtsgottesdienst ist nur eine Form, das Ereignis zu feiern, dass der Gottessohn zur Erde kommt. Gerade die freien Tage nach Weihnachten sind gute Gelegenheiten, den Weg zur Krippe öfter zu gehen. Die Kirchen sind dazu geöffnet.

Bruder Paulus Terwitte und Marcus C. Leitschuh

TIPP

Suchen Sie sich einen Gottesdienst oder eine Christmette, die heute gut in Ihren „Fahrplan" passt, und ärgern Sie sich nicht über das, was nicht so gut läuft.

24

Textnachweis

2.12.: Hinrich C. G. Westphal „Vorabend“ aus: Der andere Advent 2007/2008 © Andere Zeiten e.V., www.anderezeiten.de
3.12.: Christina Schöffler „Winterruhe“ aus: andersLEBEN, Startausgabe 1/2021© andersLEBEN, SCM Bundes-Verlag GmbH und bei der Autorin
4.12.: Daniel Gewand „Verschenkte Zeit“ aus: Daniel Gewand, Gott ist wie Husemann. Geschichten über Gott in 90 Sekunden erzählt, S. 18 © 2021 Aschendorff Verlag, Münster
5.12.: Gisela Baltes „Adventswunsch“ © Alle Rechte bei der Autorin
6.12.: Zitat: Notker Wolf „Auf den Weihnachtsmann kann ich gern verzichten ... © Alle Rechte beim Autor;
Haupttext: Annika Klappert „In Bewegung“ © Alle Rechte bei der Autorin
8.12.: Gabriele Hartlieb „Mach langsam“ aus: Gabriele Hartlieb (Hg.), Die Stille im Advent erleben © 2003 Verlag Herder GmbH, Freiburg i. Br.
9.12.: Paul Weismantel „Achtsam“ © Alle Rechte beim Autor
10.12.: Tilman Kugler „Mein Tagwerk“ © Alle Rechte beim Autor
11.12.: Karl Rahner „Habe den Mut, allein zu sein“ © Zentraleuropäische Provinz der Jesuiten e.V.
12.12.: Zitat: Christa Spilling-Nöker „Engel zaubern dir Farben ins Herz ...“
© Alle Rechte bei der Autorin;
Haupttext: Jutta Richter „Der Neinengel“ aus: Jutta Richter, An einem großen stillen See © 2003 Carl Hanser Verlag, München
13.12.: Andreas Maier, Stoppschild, in: www.impuls-ao.de © edition fürstenfeld UG (haftungsbeschränkt), Fürstenfeldbruck
15.12.: Anthony de Mello „Keine Sorge!“, „Um Frieden zu finden ...“ aus: Anthony de Mello, Gib deiner Seele Zeit © 1999 Verlag Herder GmbH, Freiburg i. Br.
16.12.: Inken Weiand „Entspannungsübung“ © Alle Rechte bei der Autorin

17.12.: Helmut Zöpfl „Austrudeln und träumen“ aus: Helmut Zöpfl, Weil ich dem Leben vertraue. Gedanken zur Zeit, S. 60 © 1984 Rosenheimer Verlagshaus, Rosenheim
18.12.: Jörg Zink „In dir will etwas wachsen“ aus: Jörg Zink, Dem Herzen nahe. Ein spirituelles Lesebuch, Verlag am Eschbach, 2002 © Jörg Zink Erben
19.12.: Ernesto Cardenal „Zeichen“ aus: Ernesto Cardenal, Das Buch von der Liebe © 2004 Peter Hammer Verlag, Wuppertal
20.12.: Hanna Buiting „Adventsübung“ © Alle Rechte bei der Autorin
21.12.: Anselm Grün „Wonach sich Menschen sehnen“ aus: Anselm Grün, Das kleine Buch der Weihnachtsfreude © 2012 Verlag Herder GmbH, Freiburg i. Br.
22.12.: Gerd Karpe „Endspurt“ © Alle Rechte beim Autor
23.12.: Max Feigenwinter „Auf neuen Wegen“. aus: ders.; Einander Engel sein. © Verlag am Eschbach in der Verlagsgruppe Patmos der Schwabenverlag AG, 2017 www.verlag-am-eschbach.de ISBN 978-3-86917-565-2
24.12.: Bruder Paulus Terwitte und Marcus C. Leitschuh „Eingeladen zur Krippe“ aus: Bruder Paulus Terwitte, Marcus C. Leitschuh, Trau dich, Weihnachten neu zu entdecken © 2008 Verlag Herder GmbH, Freiburg i. Br.

Fotonachweis

Seite 5: © Kuttelvaserova Stuchelova/ shutterstock, 1.12.: © stock.adobe.com/ Jethra Tull, 2.12.: © Shaiith/ shutterstock, 3.12.: © Marek Mierzejewski/ shutterstock, 4.12.: © stock.adobe.com/ EVERST, 5.12. © stock.adobe.com/ Andreas Berheide, 6.12.: © stock.adobe.com/ winyu, 7.12.: © stock.adobe.com/ Jag_cz, 8.12.: © Helen's Photos/ shutterstock, 9.12.: © Yuganov Konstantin/ shutterstock, 10.12.: © stock.adobe.com/ Alexey Seafarer, 11.12.: © Agnes Kantaruk/ shutterstock, 12.12.: © stock.adobe.com/ Konstantin Yuganov, 13.12.: © Jeanette Dietl/ shutterstock, 14.12.: © Solarisys/ shutterstock, 15.12.: © stock.adobe.com/ ChristArt, 16.12.: © stock.adobe.com/ Ju_see, 17.12.: © Ruth-Choi/ shutterstock, 18.12.: © stock.adobe.com/ Marina P., 19.12.: © stock.adobe.com/ Lichtbildnerin, 20.12.: © stock.adobe.com/ Tatiana Morozova, 21.12.: © stock.adobe.com/ natalialeb, 22.12.: © stock.adobe.com/ alswart, 23.12.: © Guschenkova/ shutterstock, 24.12.: © stock.adobe.com/ erikzunec.

Wir danken den genannten Inhabern von Text- und Bildrechten für die freundliche Erteilung der Abdruckgenehmigung. Der Verlag hat sich bemüht, alle Rechteinhaber in Erfahrung zu bringen. Für zusätzliche Hinweise sind wir dankbar.